Hamburger Abendblatt

SCHWARZE HEFTE

Gunter Gerlach

HAMBURGER VERKEHR

Ein Krimi vom **Hamburger Abendblatt**

Die Reihe »Schwarze Hefte« wird
herausgegeben von Volker Albers

Copyright © 2000 by Hamburger Abendblatt
Axel Springer Verlag AG

Titelillustration: Wolf-Rüdiger Marunde
Gestaltung und Herstellung: Peter Albers
Satz, Lithographie und Druck:
Albert Bauer KG, Hamburg
Bindearbeiten:
Schoch & Siege, Ahrensburg

Printed in Germany

ISBN 3-921305-91-8

Kleiner Unfall

Die Laternen schalten sich ein, als ich die Straße an der Kreuzung überqueren will. Ein Wagen biegt um die Ecke, bremst ab. Ein alter Audi. Ich winke ihm: er soll vorbeifahren. Er fährt an, dann bremst er sofort wieder. Es folgt ein dumpfer Schlag. Der Wagen schaukelt vor und zurück. Der Kopf des Fahrers in der Gegenbewegung. Glasstücke scheppern auf das Pflaster. Der schwarze Golf mit den Zusatzscheinwerfern ist aufgefahren. Der Wackeldackel auf der Hutablage des Audi will sich nicht beruhigen.

In dem Golf sitzen zwei Jugendliche. Von der hinteren Seitenscheibe grinst mich eine Plüschkatze an. Der Fahrer öffnet die Tür. Laute Musik. Er kommt nach vorn, schlägt mit der Hand auf das Wagendach und brüllt: »Du Arsch, was bremst du denn!«
Der Audifahrer steigt aus, reibt sich den Nacken. Er deutet auf mich.
»Der wollte über die Straße, soll ich den überfahren?«
In diesem Moment erkenne ich ihn. Jochen versenkt seinen Kopf zwischen den Schultern und breitet seine Schaufelhände aus. Ich habe ihn lange nicht gesehen. Der Beifahrer hat sich vor die Schnauze des Golf gekniet.
Er probiert, den Zusatzscheinwerfer wieder in Stellung zu bringen. Scherben fallen heraus. »Scheiße«, schreit er. »Scheiße.« Er kommt hoch, und sein Zeigefinger spießt Jochen auf. »Der ist schuld, polier ihm die Fresse.«
»Ihr seid mir doch reingefahren. Ist ja nicht so schlimm. Ich sag mal, für drei- bis vierhundert lass ich das ausbeulen.«
Der Golffahrer gibt einen Schmerzenslaut von sich, packt Jochen an der Jacke. »Das hast du mit Absicht gemacht.«
»Schlag doch zu«, sagt Jochen. »Wer hinten reinfährt, hat Schuld.« Er lächelt mir zu. Einige Fußgänger sind stehen geblieben. Einer ruft: »Wir wollen Blut sehen!«

Jochen sieht mich an, nickt. Erwartet er, dass ich eingreife? Was soll ich tun? Für Schlägereien bin ich

ungeeignet. Soll ich mich einfach als Zeuge ausgeben? Nein, wenn schon als Bulle. Ob die mir glauben?
»Polizei!« Ich bin mit zwei Schritten auf der Straße. »Ich bin zwar nicht im Dienst, aber ich kann einen Streifenwagen rufen. Eine Blutprobe scheint mir angebracht.« Ich halte mein Handy in die Höhe. Es wirkt.
Der Golffahrer lässt Jochen los und dreht den Kopf zur Seite. Vielleicht gibt es ein Fahndungsplakat von ihm. Jochen sagt: »Danke, Herr Inspektor, aber wir regeln das schon allein.«
Ich ziehe mich auf den Fußweg zurück. Sie verhandeln leise. Dann geht der Golffahrer gegenüber zum Bankautomaten. Er kommt zurück. Zwei Scheine wechseln den Besitzer.

Anfahren und wieder bremsen

Jochen lädt mich ins »Schiff« ein.
»Die hätten dich fast verprügelt.«
Aber er will nicht mehr über den Unfall reden. Er schweigt, zeichnet mit dem Finger Linien auf sein Bierglas. Seine Lederjacke knirscht, wenn er die Arme anwinkelt.
Ich versuche ein neues Thema. »Wovon lebst du jetzt so?«
Jochen kommt hinter seinem Bier hoch. Er sieht mich an, als hätte er mich nicht verstanden. Dann blickt er sich

in der Kneipe um. Es ist nicht viel los. Britta hinter der Theke spült Gläser. Sie hat immer mal die Augen und ständig die Ohren bei uns. Ihr Haar hat die gleiche Farbe wie das Bier. Wenn ich sie ansehe, legt sie den Kopf schräg wie ein Hund, der auf einen Befehl wartet.

»Warum fragst du?«

»Nur so.«

Jochen arbeitet wahrscheinlich immer noch als Schuldeneintreiber. Seine Waffe ist das Auto. Er jagt die Schuldner, drückt sie mit dem Kühler an die Wand. Vielleicht bricht er ihnen auch die Beine oder stößt sie mit dem Kotflügel in den Rinnstein.

»Und bei dir. Wie läuft es bei dir?«

Soll ich ihm erzählen, dass ich schon meine Pfennigsammlung gerollt und zur Sparkasse gebracht habe?

» Ach ... Im Augenblick nicht so toll.«

Ich kann Jochen nicht die Wahrheit sagen. Ich gelte als erfolgreicher Autor. Aber meine Romane bringen nicht genug ein. Ich lebe von Einbrüchen. Ich habe immer von Einbrüchen gelebt. Und dann ist es gut, als Schriftsteller zu gelten. Schriftsteller sind Menschen, denen vertraut wird.

»Ich mache jetzt in Versicherungen.« Jochen spitzt die Lippen.

»Das bringt genug?«

»Ich habe ein kleines Versicherungsbüro.«

»Unfallversicherungen, nehme ich an. Da bist du ja Spezialist.«

Er lacht. »Ich bin raus. Napoli zuliebe.«

Neapel, eine Asiatin, war angeblich Prostituierte. Neapel sehen und sterben, soll ihr Werbespruch gewesen sein. Er hat sie geheiratet, obwohl sie schon einen kleinen Jungen hatte. Joke. Sie wohnen in Wandsbek. Einfamilienhaus. Der Vorgarten ist eine vierspurige Straße. Aber einmal in der Woche kommt er noch ins »Schiff«. Jochen trinkt sein Bier, ohne mich aus den Augen zu lassen.

»Du brauchst Geld, was?«

Es muss eine Falte im Gesicht geben, die sich bei Geldmangel besonders ausprägt. Vielleicht verlieren auch die Augen ihren Glanz, das Haar schuppt, und die Nägel brechen. Vielleicht habe ich den Pleitepickel mitten auf der Stirn, ohne es zu wissen.

»Ach, na ja, nicht unbedingt.« Ich streiche mir übers Haar, taste nebenbei meine Stirn nach einem Pickel ab. Da ist einer.

»Wie viel brauchst du?« Jochen hat sich aufgerichtet. Sein Blick kommt von oben.

»Nein, nein.« Wie die Leute enden, die ihm Geld schulden, weiß ich zu genau.

»Ich will dir nichts leihen.« Er weiß, dass ich es weiß.
»Was dann?«
»Ich zeige dir, wie es geht. Du hast es doch gesehen.«
Er zahlt mein Bier. Britta tanzt hinter der Theke entlang. Das macht sie immer, wenn jemand viel Trinkgeld gibt. Wir steigen in Jochens Auto. Er fährt immer um den gleichen Block im Schanzenviertel. Bei der dritten Runde bumst es beim Abbiegen. Ein BMW sitzt uns auf der Stoßstange.

Jochen steigt langsam aus, legt die Hand in den Nacken. Es ist eine Drohung. Mögliches Schleudertrauma. Der Schaden ist nicht groß. Der BMW hat fast nichts abbekommen. Bei Jochens Audi waren die Beulen schon vorher da. Jochen schätzt den Schaden auf fünfhundert Mark. Der BMW-Fahrer protestiert ohne Nachdruck. Er behauptet, Jochen sei losgefahren und hätte dann wieder gebremst. Genauso war es.

Ein Hund wäre da am Straßenrand zwischen den parkenden Wagen gewesen, lügt Jochen. Dann reibt er sich noch einmal den Hals. Diese Geste beschleunigt die Verhandlung. Sie einigen sich auf vierhundert. Quittiert wird auf einer Visitenkarte.

»Für dich.« Jochen streckt mir die Scheine hin, als wir wieder im Wagen sitzen. »Geschenkt. Sozusagen Lehrgeld.«

»Müsste ich das nicht an dich zahlen?«

Er hebt die Hände. »Wer wird das denn so genau nehmen. Ab jetzt kannst du es allein. Hol dir einen alten Wagen. Die Stoßstange muss höher sitzen als bei den neuen Modellen. Dann fahren sie dir nicht die Rücklichter kaputt. Bleib immer unter sechshundert, wegen der Selbstbeteiligung bei der Versicherung. Mit Glück schaffst du leicht zwei, drei Wagen am Tag.«
Ich schüttle den Kopf. Ich nehme mir vor, ihm das Geld zurückzugeben.
»Kommst du noch mit? Napoli wird sich freuen.«
»Zu dir?« Ich war vor vielen Jahren mal bei ihm.
»Aber tu mir einen Gefallen, erzähl ihr nichts von unserem kleinen Job. Ich bin Versicherungsvertreter, sonst nichts.«

Ich hasse Autos

An der Tür des Backsteinhauses steht »Müller-Neapel«. Ich tippe auf das Schild. »Ich wusste nicht, dass sie wirklich so heißt.«
Jochen lacht. »Ich auch nicht. Bis wir geheiratet haben.«
Jochen schließt auf. Über den Flur huscht ein dünner Junge. Sein Kopf ist ein auf der Spitze stehendes Dreieck. Wahrscheinlich liegt es an der Frisur. Das blonde Haar bildet oben eine gerade Fläche. Er erinnert mich an eine Comic-Figur. Wie alt ist Joke jetzt? Vielleicht vierzehn. Er sieht uns nicht an.

»He, he.« Jochen versucht ihn festzuhalten. Er soll mich begrüßen. Jokes Mund zieht einen Strich. Er verschwindet in einem Zimmer, knallt die Tür hinter sich zu. Ich kenne Joke nur als Kleinkind. Damals war er eine Kugel. »Pubertätsprobleme.« Jochen schiebt mich ins Wohnzimmer. Es sieht aus wie in einem Automuseum. Beleuchtete Vitrinen mit Automodellen. Sofa und Sessel sind aus Autositzen. Ein Tisch aus Reifen und Glas. Ein alter Mercedeskühler ragt als Schrank aus der Wand. »Kennst du die hier?« Jochen klopft gegen eine Glasscheibe. Dahinter reihen sich teils rostige Seitenspiegel. »War mal mein Sport, die Dinger andern während der Fahrt abzureißen. Geht heute nicht mehr. Sind meist Klappspiegel.«

Neapel kommt aus der Küche, wischt sich die Hände an einem Tuch. Sie lässt es fallen, umarmt mich. Sie hält mich an den Schultern fest, um mich mit Abstand anzusehen. Für einen Moment steigt das Wasser in ihre Augen. Dann zieht sie mich wieder an sich, drückt mich und küsst mich auf die Wange. Wenn ich nicht wüsste, wie viele Rippen eine Frau hat, könnte ich es bei Neapel nachzählen. Das Asiatische an ihr ist nicht mehr so deutlich. Es war wohl früher aus Schminke.
»Weißt du, dass ich ein Buch von dir gelesen habe?«
»Das war aber nicht nötig.«

Jochen holt ein großes Automodell aus einem Schrank. Plötzlich knallt und tuckert es. »Echter Benzinmotor!« Er setzt den Wagen auf den Boden und lässt ihn fahren. Es stinkt nach verbranntem Öl.
»Hör auf damit!«, schreit Neapel und hält sich die Ohren zu. Sie zieht mich mit sich in die Küche. »Ich hasse Autos. Er liebt sie.«

Fahrerflucht

Wie immer ist der Hans-Henny-Jahnn-Weg beidseitig zugeparkt. Nur eine Fahrspur ist frei. Hier duellieren sich täglich Autofahrer. Sie fahren so lange wie möglich aufeinander zu, bis einer ausweicht. Ich parke vor einer Ausfahrt und gehe in den Verlag. Ich habe Erfolg und bekomme einen kleinen Vorschuss auf mein Honorar. Aber als ich zurückkomme, ist der Seitenspiegel an meinem Opel verbogen. Vielleicht ein Zeichen, meine Schulden zu bezahlen.
Jochens Versicherungsbüro ist nicht weit. Ein ehemaliger Laden. Er ist geschlossen. Ich betrachte die schmutzige Scheibe mit der kaputten Jalousie dahinter. Es sieht nicht so aus, als sei er jemals geöffnet.
Ich fahre über den Ring 2 nach Wandsbek. Ab Kreuzung Bramfelder Straße herrscht stop and go. Ein schwarzer Golf schiebt sich dicht an meine Seite. Eine Katze hängt

an der Seitenscheibe und grinst mich an. Es sind die beiden. Der Beifahrer hämmert mit der Faust gegen mein Blech. Ich verriegele die Tür. Hinter ihnen wird gehupt. Sie müssen weiterfahren. Ich merke mir das Nummernschild. Beim nächsten Stopp sind sie weit vor mir.

Der Verkehrsfunk meldet einen Unfall auf der Kreuzung Straßburger Straße. Ortskundige sollen das Weite suchen. Ich brauche eine Viertelstunde für die nächsten zwei Kilometer und biege schließlich stadtauswärts in den Alten Teichweg ein. Eine 30-Kilometer-Zone und damit in der Rushhour schneller. Ich brauche noch zwanzig Minuten. Die Straßen rund um den Wandsbeker Markt sind dicht.

Jochens Klingel ist eine Hupe. Joke öffnet die Tür. Er zieht die Nase hoch, als wollte er mich anspucken. Dann verschwindet er, lässt mich auf der Fußmatte stehen.

»Hallo?«, rufe ich ins Haus.

Neapel kommt. Sie ist wieder als Asiatin geschminkt.

»Komm rein.«

Sie riecht süß. Es kommt aus ihrem Mund.

»Jochen ...?«

Sie lässt die Lider herab, als wäre sie müde. »Du weißt es nicht?«

»Was?«

»Er ist tot. Überfahren. Gestern Nacht.«

»Was?«

»Erst ist ihm jemand aufgefahren und dann über ihn weg.« Sie lächelt. »Hattest du etwas anderes erwartet?« Sie bietet mir von dem Likör an, nach dem sie riecht. Ich lehne ab. »Es tut mir Leid um Jochen.«

»Ach, komm her.« Sie greift nach meinen Händen. »Sieh mich an. Die Menschen ändern sich nicht. Ich wusste genau, was er tat. Wir haben nur nie darüber gesprochen. Er musste so enden.«

»Du meinst, er ist ermordet worden?«

»Die Polizei redet von einem Unfall mit Fahrerflucht. Mir ist es egal.«

»Und Joke?«

»Joke ist alles scheißegal.«

Ich nehme sie in den Arm. Sie greift mir unters Hemd. »Es war schon lange aus«, bläst sie mir ins Ohr. Es muss eine Art Alkoholtest sein. Wahrscheinlich färbt sich meine Ohrmuschel rot.

Fußgänger

Am Abend will ich die Nachricht ins »Schiff« bringen. Ich fahre das Schulterblatt und die Budapester Straße rauf und runter, aber es gibt keinen freien Parkplatz. Schließlich suche ich in den Seitenstraßen.

Ich habe Pech. Keine Lücke am Straßenrand. Es fängt an zu regnen. Ich will einen Parkplatz dicht am »Schiff«.

Egal, ob es dort nur Anwohnerparkplätze gibt. Am Pferdemarkt steht der alte Bilger an der Ampel. Er streckt den Daumen hoch. Er will mitgenommen werden. Er springt zwischen den Autos auf mich zu. Ein jüngerer Mann folgt ihm. Sie steigen ein. Hinter mir heftiges Hupen. Es ist längst grün.

»Fahr los. Wir müssen blitzschnell zur Staatsoper, sonst ist es zu spät.«

Bilger, Stammgast im »Schiff«, riecht nach den alten Kartons, in denen er schläft. Den Jüngeren kenne ich auch aus dem »Schiff«. Er strömt Schnaps und nasser Hund aus. Ich protestiere schwach. »Bin ich ein Taxi?« Ich weiß, die beiden steigen erst aus, wenn sie dort sind, wo sie hinwollen. Die Scheiben meines kleinen Opel beschlagen. Ich öffne ein Fenster.

»Wir stinken ihm«, sagt Bilger.

Ich kann nicht wenden, der Verkehr ist zu dicht. Ich muss über das Millerntor fahren.

»Pech gehabt« ist die Reaktion von Bilger auf die Nachricht von Jochens Tod. »Wird uns auch passieren.« Der Jüngere beugt sich nach vorn. Er will es genau wissen. Ihm fehlen die oberen Schneidezähne. Vielleicht an einer Flasche ausgeschlagen. Er kannte Jochens Trick mit dem Auffahrunfall. »Schade«, sagt er. »Ich mochte ihn.«

»Das ist mein Schüler«, stellt Bilger ihn vor. Er deutet auf mich: »Und das ist Jakob Vogelwart. Der ist ein

berühmter Schriftsteller. Wenn du nicht aufpasst, kommst du in seinen Büchern vor.«
»Was kriege ich dafür?«, fragt der Schüler.
Auf der Dammtorstraße ist gegenüber der Staatsoper ein Parkplatz frei. Bilger bedankt sich, öffnet die Tür.
»Was macht ihr hier?«
»Kannst ja zugucken.«

Wir überqueren die Straße und gehen in den Torweg des Kinoeingangs. Bilger duckt sich zwischen den parkenden Wagen. Opernbesucher laufen mit offenen Mänteln vorbei. Viel Gold unterwegs. Ich hab mich ablenken lassen und Bilgers Sprung nicht gesehen. Reifen quietschen. Ich sehe noch, wie eine Stoßstange Bilgers Knie trifft. Sein Oberkörper fällt auf die Motorhaube. Seine Hände suchen Halt an der kleinen Tierfigur. Er rutscht ab, wird unter den schweren Wagen gezogen, der endlich zum Stehen kommt. Ich will zu ihm. Schüler hält mich fest. »Lieber nicht.«
Fußgänger beugen sich bereits über Bilger. Der Fahrer steigt aus. Er trägt einen Smoking. Seine Hände zittern. Bilger kommt halb hoch, krümmt sich, stützt sich auf der Motorhaube ab, will keine Hilfe.
Der Fahrer redet auf ihn ein. Ich verstehe nichts. Es ist zu weit weg. Schüler hält mich immer noch fest. Ein Wortfetzen erreicht mich: »Polizei.« Bilgers Stimme.

Die Fußgänger sehen auf Bilger, dann zum Eingang der Oper. Die Vorstellung beginnt gleich. In dem Wagen sitzt eine ältere Frau. Sie klammert die Hände an das Armaturenbrett. Um ihren Hals zieht sich eine Spur Diamanten. Im Nerzkragen nistet eine Brosche. Der Fahrer sucht in den Taschen seines Smokings. Bilger hält die Hand auf. Dann dreht er sich langsam um, humpelt von der Fahrbahn auf uns zu. Als er uns erreicht, bückt er sich, reibt sich das Knie.

»Scheiße«, sagt Schüler, »ich hab es dir gesagt, dieses Modell ist Scheiße.«

Bilger rollt das Hosenbein hoch. »Bringt aber noch am meisten.«

»Wie viel?«

»Zweihundert.« Bilger betrachtet sein Knie, drückt mit den Fingern auf das Gelenk. Sein Gesicht verzieht sich. Er sieht zu Schüler auf. »Mach du weiter. Einmal geht noch, bevor die Vorstellung anfängt.«

Schüler verschwindet Richtung Oper.

»Er ist inzwischen besser als ich.«

»Hast du dich verletzt?«

Bilger schüttelt den Kopf. »Weißt du, was der Unterschied zwischen mir und Jochen ist: Ich kriege Geld dafür, dass ich mich überfahren lasse.« Er lacht, rollt die Scheine zusammen. »Und was du auch nicht weißt: Jochen hat mir das Springen beigebracht. Er hat

immer gesagt, ich sollte Buch führen, mir die Nummernschilder aufschreiben, damit ich nicht zweimal vor denselben Kühler laufe. Genau das wird ihm wohl passiert sein.«
Vor der Oper quietschen Bremsen.

Alkohol im Verkehr

Ich setze mich zu Britta an die Theke. Es ist noch leer im »Schiff«. Bulganin steht an der Klotür, zupft seinen Bart und redet mit einem Jungen. Eines Tages wird Bulganin als Leiche im Klo liegen. Er verkauft getrocknete Kuhfladen als Shit und gepresstes Mehl als Speed-Tabletten an die Gymnasiasten.
»Wie lange arbeitest du schon hier?«, frage ich Britta. Sie steht seit mindestens zehn Jahren hinter der Theke. Damals war sie noch mit Karl, dem Besitzer, zusammen. Sie hat sich wenig verändert. Immer noch das Bauerngesicht, das Pferdehaar, der große Hintern.
»Warum fragst du?« Sie hat die Art der Gäste angenommen: Fragen werden mit Fragen beantwortet.
»Willst du wissen, wann ich Schluss habe?«
»Habe ich eine Chance, dich nach Hause zu bringen?«
»Du Arsch, darauf warte ich seit Jahren.« Es ist ein Spiel. Sie erinnert mich an das Lieblingsbild meiner Großeltern. Auf dem Gemälde sammelt ein Mädchen mit Zöpfen

Äpfel in seiner Schürze. Zwischen ihrem Gesicht und den Äpfeln gibt es viele Gemeinsamkeiten.

»Würdest du für mich Zöpfe tragen?«

Sie schüttelt den Kopf, lacht, stellt zwei Biere auf ein Tablett und bringt sie in den Nebenraum. Bulganin schiebt den Jungen aufs Klo, dort hat er sein Depot. Britta kommt mit einem Tablett leerer Gläser zurück, beginnt zu spülen.

»Übrigens, du hast einen Stammgast verloren.«

»Nur weil ich keine Zöpfe will?«

»Es ist Jochen. Er ist tot.«

Sie dreht sich zu mir. »Wirklich?« Ich nicke. Sie greift nach meinen Händen, sieht mir in die Augen. Ihre Hände sind nass. »Wer war es?« Es scheint für sie selbstverständlich, dass Jochen umgebracht wurde.

»Was meinst du?«

»Einer seiner Kunden?«

»War er denn noch im Geschäft?«

»Weißt du es nicht?«

»Du meinst, er trieb noch Gelder ein?«

Sie zuckt mit den Schultern. »Seine Autos waren seine Waffen und sein Werkzeug.« Sie beugt sich weiter über die Theke und ergänzt leise: »Und für anständige Mädchen waren seine Autos eine Falle. Trotzdem tut er mir Leid.« Sie drückt mir ihre Lippen aufs Kinn. Höher kommt sie nicht – auch nicht auf Zehenspitzen. Der Kuss soll ein Trost sein. Sie wendet sich der Spüle zu. Mein Kinn ist nass.

Das »Idiotenschiff«, wie manche die Kneipe nennen, füllt sich. Stammgäste. Britta stellt mir ein Bier nach dem anderen hin. Sie gefällt mir. Ich habe das Gefühl, sie führt ihre Tänze hinter der Theke nur für mich auf. Manchmal wiehert sie.

Bilger und Schüler kommen von der Arbeit. Sie spendieren mir einen doppelten Schnaps, der nach Anis riecht. Bilger ist am Stephansplatz noch mal vor einen Wagen gesprungen. Er humpelt. Heute Nacht will er sich ein Hotel leisten.

Jochens Tod nehmen viele zum Anlass, mehr als sonst zu trinken. Ich muss mittrinken. Gegen Mitternacht kommt Karl und löst Britta ab. Plötzlich steht sie hinter mir, zieht sich eine hellbraune Kunstfelljacke an. Sie geht als Islandpony.

»Gib mir deine Autoschlüssel«, sagt sie. »Du bist viel zu betrunken, um noch zu fahren.«

Ich komme schwankend hoch.

»Ich fahre«, sagt sie. Und etwas lauter: »Aber mach dir keine Hoffnungen.« Es gilt nicht mir, sondern allen anderen. Sie schiebt mich aus der Tür.

»Schade«, sage ich und gebe ihr meine Schlüssel, »ich bin kaum noch in der Lage, Zöpfe zu flechten.«

Schrott

Das Telefon weckt mich, scheucht mich wie ein Krokodil auf allen vieren aus dem Bett. Es ist Neapel. Ob ich jemanden wüsste, der ein Schloss öffnen kann. Weiß sie, dass ich Einbrecher bin? Sie will in Jochens Büro, findet aber den Schlüssel nicht. Ich verspreche, etwas zu organisieren. Wir verabreden uns vor dem Laden.
Ich krieche zurück ins Bett. Britta schnauft, öffnet die Augen einen schmalen Spalt. »Ich hasse Männer, die eine Frau mit ins Bett nehmen und dann erst mal kotzen müssen.«
Ich erinnere mich.
Was mache ich jetzt? Ich glaube, ich muss ihr einen Kuss geben. Ich beuge mich über sie. Sie zieht die Bettdecke über den Kopf. »Du stinkst.«
Es treibt mich ins Bad. Als ich in die Küche komme, sitzt sie schon beim Frühstück. Sie hat alles gefunden, die Brötchen aus dem Tiefkühlfach aufgetaut und Eier gekocht. Sogar Müsli hat sie gemischt.
»Frauen wie du sind normalerweise verheiratet.«
»Oder zu dick«, sagt sie, klopft sich auf die Hüfte. »Ich habe einen Pferdearsch. Damit die Kerle mich mit ins Bett nehmen, muss ich sie besoffen machen. War ich gut?«
Ich bin ein Einsiedler. Ich bin nicht geeignet für solche Szenen. Ich weiß nicht einmal, ob ich mit ihr geschlafen

habe. Ich probiere im Geiste ein paar Antworten, von »Du warst süß« bis »Hast du eigentlich einen Aids-Test?«. Alles ungeeignet. Außerdem hat sie wirklich einen großen Hintern. Aber kann ich ihr das sagen? Zum Beispiel in der Form: »Mein kleines Islandpony«? Lieber nicht. Ich gehe einfach um den Tisch, beuge mich über ihren Kopf und küsse sie auf die Stirn. Den Mund kann ich nicht nehmen, sie kaut. Die Zöpfe fallen mir wieder ein, und ich sage: »Die Zöpfe, ich habe die Zöpfe vermisst.« Sie lächelt, streckt die Arme nach mir aus. Es war die richtige Antwort. Sie küsst mich, ohne Rücksicht auf das Müsli. Sie schmeckt nach Hafer und Äpfeln. Ihre Haare duften nach Heu. Ihre Nase ist ganz weich. Ich setze mich und höre dem Mahlen ihrer Zähne zu.

Nach dem Ei kommt sie auf Jochen. »Weißt du, dass er mal Karl umbringen wollte? Sie sind mit zwei alten Autos in die Elbmarschen. Dort haben sie sich auf einem Feldweg mit etwa zweihundert Meter Abstand aufgestellt und sind mit Vollgas aufeinander los. Wer ausweicht, verliert. Oder wenn nicht: Wer die höchste Geschwindigkeit beim Aufprall hat, dem passiert am wenigsten. Diese Idioten. Keiner wollte verlieren. Karl brach sich das Handgelenk. Jochen geschah nichts. Die Autos waren Schrott.«

»Worum ging es?«

»Der Sieger sollte mich bekommen.«

»Wirklich?«

»Das kannst du nicht glauben, was? Es stimmt auch nicht. Es ging um Neapel.«

»Neapel? Wann war das?«

»Jochen hat sie dann geheiratet. Aber ganz hat er sie nicht gewonnen. Jede Woche ist Neapel an einem Nachmittag bei Karl.«

Britta schiebt das Frühstücksgeschirr von sich. Sie will wieder ins Bett. Sie hat abends Dienst im »Schiff« und braucht noch ein paar Stunden Schlaf.

Ich sammle mein Werkzeug zusammen, packe es in einen Jutebeutel.

Als ich die Wohnungstür öffne, ruft sie mich zurück.

»Übrigens, mach dir keine Sorgen, du hast nicht mit mir geschlafen.«

»Nicht?«

»So einfach ist das nicht.«

»Nicht?«

»Hau ab.«

Ich decke sie zu, verlasse die Wohnung. Ich war zu betrunken, um mit ihr zu schlafen, und außerdem gehören Zöpfe dazu. Ich frage mich, wo Britta mein Auto abgestellt hat. Ich entdecke es direkt vor der Haustür. Auf der Fahrerseite sind neue tiefe Kratzer. Über die volle Breite trägt der Wagen das Wort FUCK.

Nenne mir deine Autonummer, und ich sage dir, wer du bist

Ich hänge in den engen Seitenstraßen Winterhudes hinter einem Müllwagen fest. Schließlich wende ich, fahre auf das Parkdeck des Supermarktes am Mühlenkamp. Es ist besser, zu Fuß zu gehen.
Als ich bei Jochens Laden ankomme, ist Neapel noch nicht da. Ich versuche, durch die Scheibe zu sehen. Die Eingangstür hat zwei Schlösser. Die Haustür ist offen, vom Hausflur aus gibt es noch eine Tür. Nur ein Schloss. Das Haus hat keinen Hinterausgang. Ich spaziere die Straße entlang, bis ich an eine Durchfahrt in die Hinterhöfe komme. Fenster mit Gittern an der Rückfront von Jochens Laden. Und ein hoher Zaun davor.
Neapels schwarzer Mini böllert laut. Seine Kotflügel haben Beulen. Am Innenspiegel schaukeln zwei Babyschuhe. Sie zwängt sich zwischen parkenden Wagen hindurch. Der Mini hüpft mit den kleinen Reifen den Kantstein hoch. Sie parkt ihn quer auf dem Fußweg.
»Das kostet«, sage ich.
Sie versteht es anders. »Ich weiß, der Auspuff hat seit ein paar Tagen ein Loch. Da ist ständig was kaputt. Was soll ich machen? Jochen war der Monteur zu diesem Auto. Ich werde den Wagen verkaufen müssen.«

Es ist erstaunlich, wie groß Menschen sein können, die in einen Mini passen. Sie geht als Japanerin. Sie hat Holznadeln im hochgesteckten Haar. Mit ihren Plateausohlen ist sie größer als ich. Unter der kurzen schwarzen Jacke erscheint ein rotes Seidenkleid. Es reicht bis zu den Knöcheln. Sie gibt mir einen Kuss. Der Ausschnitt des Kleides passt nicht zur Tageszeit. Er passt nicht in die Gegend und nicht zu einer Witwe.

Ich bin Einbrecher. Ich will nicht gesehen werden. Ich gehe mit Neapel ins Haus, um dort die Tür zu öffnen. Ich horche, ob jemand kommt. Ihr Kleid knistert, und dann ist da noch ein anderes Geräusch. Es sind die Strümpfe, die sich an den Schenkeln reiben. Es quietscht. Ich habe eine Art Zahnarztspiegel. Ich schiebe ihn durch den Briefschlitz und betrachte die Tür von innen. Sie ist mit einer kleinen Kette gesichert. Auf dem Boden liegen Prospekte. Ich setze meinen Vibrationsöffner für das Türschloss an. Es gibt nur ein Problem mit diesem Gerät: Ich kann nicht wieder abschließen. Die Tür öffnet sich, so weit die Kette es zulässt. Ich stecke die Hülsen auf meine kleine Zange, um die Hebelwirkung zu vervielfachen. Neapel pfeift ohne Ton.

Jochens Büro ist ein Zeitschriften-Prospekte-leere-Flaschen-Tassen-Gläser-Chaos. Mittendrin ein Schreibtisch mit Computer.

Neapel öffnet einen Wandschrank. Sie zieht einen Ordner heraus.
Hinten gibt es eine Küche. Eine der Herdplatten ist noch warm. Ich stecke meinen Finger in die Tasse auf dem Tisch. Ich schätze, vor etwa einer halben Stunde hat hier eine Person Tee getrunken. Vorsichtig öffne ich die Tür zum zweiten Raum. Ein Bett, ein Schrank, ein Fernseher. Ich stecke meine Hand unter die Bettdecke und streichle den Fernseher. Mir kommt alles warm vor. Jochen lebt. Alles ist fingiert.

Er hält nachts auf einer leeren Straße, verstreut Lacksplitter und Scherben, um einen Auffahrunfall vorzutäuschen. Es gab kein zweites Fahrzeug. Er malt die Bremsspuren des anderen Autos aufs Pflaster. Dann holt er die Leiche aus dem Kofferraum. Einen Fußgänger, den er kurz vorher überfahren hat. Jochen stattet ihn mit seinen Papieren aus, dann bringt er ihn in Position. Zu Fuß läuft er davon. In die Nacht hinein. In die Freiheit. In sein Versicherungsbüro.

»Hat er hier manchmal geschlafen?«, rufe ich laut.
»Mit mir geschlafen? Nein«, kommt es zurück.
Ich gehe in den Laden. Neapel kniet auf dem Boden und blättert in dem Ordner.
»Was hast du gesagt?«

Sie sieht nicht auf. »Du weißt doch. Er konnte es nur im Auto. Er fuhr immer aus der Stadt auf einen Feldweg. Ich hatte immer weniger Lust dazu.«
»Was suchst du eigentlich?«
»Seine Lebensversicherung.«
»Wann ist die Beerdigung?«
»Sie geben ihn nicht frei. Auch das Auto haben sie behalten. Die suchen noch Spuren. Es soll ein Golf oder so etwas gewesen sein. Schwarze Lacksplitter. Sie wollten von mir wissen, ob er Feinde hatte. Hier ist eine mögliche Liste seiner Feinde.«
Sie reicht mir ein handgeschriebenes Blatt Papier mit Autonummern. Die dritte von unten gehört zu einem Golf mit einer grinsenden Katze an der Seitenscheibe. Der Unfall war doch ein Mord. Ich sehe es vor mir. Sie jagen ihn durch die ganze Stadt. Schließlich haben sie ihn, fahren ihm hintendrauf. Er steigt aus, um zu Fuß zu fliehen. In diesem Moment geben die beiden Gas. Er wird mit dem Kopf gegen den Kantstein geschleudert.

Ich schalte den Computer ein. Er verlangt ein Passwort. Ich schreibe: Napoli. Er öffnet sein Programm. Ich lasse mir anzeigen, was zuletzt geladen wurde. Der Computer ist die letzten beiden Tage lediglich für Spiele benutzt worden. Ich öffne die Schublade des Schreibtischs.

Unter den Computerspielen liegt eine von Hand beschriftete CD: »D-KFZ«.
Ich ahne, dass sie mir zu allen Autonummern die Besitzer nennt. Eine rote Geldkassette ist auch noch da. Sie hat Schrammen. Ich schüttle sie. »Soll ich die aufbrechen?« Neapel blickt kurz hoch, winkt ab. »Kleingeld.« Sie blättert in den Akten, dann stößt sie einen Jubelschrei aus. Sie hat die Versicherungsunterlagen gefunden, reißt sie heraus und schwenkt sie. »Achthunderttausend, fast eine Million, wie er gesagt hat.«
»Wenn er wirklich tot ist, bist du reich.«
Sie sieht zu mir auf. »Was weißt du?«

Es ist Nacht. Neapel folgt Jochen in ihrem Mini. Sie wartet auf ihre Chance. Da geschieht es. Er lässt einen Golf auffahren. Er kassiert das Geld. Alles ist schon vorbei, und Jochen will in seinen Wagen steigen. Da gibt Neapel Gas. Sie schießt mit ihrem Mini aus einer Ausfahrt, in der sie mit laufendem Motor gewartet hatte. Natürlich erkennt Jochen ihren Wagen. Er lächelt ihr entgegen. Aber sie bremst nicht. Zu spät bemerkt er, dass sie sein Leben will. Sie steigt aus, will sich vergewissern, dass er tot ist.
»Warum?«, stöhnt er. Das Blut fließt ihm aus Mund und Nase. Neapel steht breitbeinig über ihm. »Achthunderttausend«, sagt sie. »Und keine Autos mehr!«

Alle Autofahrer sind Selbstmörder

Ich hocke mich zu Neapel auf den Boden. Sie erzählt mir von Jochens Depressionen und seinem Selbstmordversuch. Er ist gegen eine Autobahnbrücke gefahren. Schon Jahre her. Es reichte nicht. Nach sechs Wochen war er wieder am Leben.
»Ich wusste, beim nächsten Mal würde er es besser machen, deshalb verlangte ich eine Lebensversicherung von ihm. Das Haus war damals noch nicht abbezahlt.«
»Versicherungen zahlen nicht bei Selbstmord.«
»Das wusste er. Und er hat mir versprochen, wenn er es jemals wieder tut, wird niemand von einem Selbstmord sprechen können. Du siehst ja selbst ...«
»Willst du damit sagen, er hat sich umgebracht?«
Sie nickt, zieht die Schultern hoch, faltet die Versicherungspolice und steckt sie in ihre Handtasche. »Wusstest du nicht, dass das Auto ein beliebtes Mittel ist, sich umzubringen?«
»Doch, die Leute schießen sich damit das Gehirn weg. Schon beim Kauf.«

Bei der hohen Zahl von Unfällen genügt es, sich ans Steuer zu setzen und zu warten. Alle Autofahrer sind Selbstmörder.

Ich hocke mich auf einen Stapel Autozeitschriften. Mit den Händen reibe ich mir das Gesicht. Ich habe das Gefühl, nicht richtig wach zu sein. Durch das Gitter meiner Finger betrachte ich Neapel. Sie blättert weiter in dem Ordner. Sie lässt die Mundwinkel hängen. Dann sagt sie: »Kann alles in den Müll.«
»Neapel, hör mal. Wenn es ein Selbstmord war, dann hat er vielleicht alles so gut inszeniert, dass er noch lebt?«
Sie schüttelt den Kopf, lacht, richtet sich auf und streicht ihr Kleid glatt.
»Nein«, sagt sie. »Ich habe ihn gesehen. Er war tot.«
»Du hast ihn gesehen? Wann?«
»In dem Kühlschrank im Leichenhaus.«
Sie gefällt mir nicht als Witwe. Es fehlt das Bedauern in ihrer Stimme.

In diesem Augenblick wird ein Schlüssel in die Ladentür gesteckt. Die Gestalt hinter der Jalousie hat Jochens Größe. Die Tür wird langsam aufgeschoben. Neapels Mund hat sich weit geöffnet.
»Entschuldigung, ich wusste nicht, dass jemand da ist«, sagt der Mann. Es ist Bilgers Schüler.
»Wer sind Sie?«, sagt Neapel.
»Woher hast du den Schlüssel?«, frage ich.
»Ich wohne hier«, sagt er und zeigt seine Zahnlücke. »Jochen hat es mir erlaubt.«

Freiheit für die Autos!

Neapel ist gnädig. Der Schüler darf bleiben, bis die Mietzeit ausläuft. Ich rate ihr, nicht gleich zur Versicherung zu fahren. Es macht keinen guten Eindruck. Es ist besser, sie wartet, bis das endgültige Untersuchungsergebnis der Polizei vorliegt. Aber Neapel will das Geld, und möglichst schnell.
Meine Schulden bei Jochen gestehe ich nicht. Später vielleicht.
Sie röhrt mit ihrem verbeulten Mini davon.
Ich mache mich auf den Weg zu meinem Auto. Ich komme an zwei Autofahrern vorbei, die sich um einen Parkplatz streiten. Beide blockieren mit ihren Wagen die Lücke. Der eine behauptet, er wäre zuerst da gewesen. Er hätte nur rückwärts hineinfahren wollen. Der andere lässt es nicht gelten. Vorbeigefahren, Platz vergangen. Auch bei solchen Auseinandersetzungen sind schon Morde geschehen. Oder waren es Selbstmorde?
Wie hat Jochen das inszeniert? Er hält nachts auf einer leeren Straße. Er malt Bremsspuren aufs Pflaster, verstreut Lacksplitter und Scherben. Und dann? Dann klettert er auf eine Laterne und stürzt sich kopfüber nach unten. Schließlich soll es so aussehen, als wäre er von einem Auto gegen den Kantstein geschleudert worden. Schädelbruch.

Die Polizei kommt nicht auf die Idee eines so komplizierten Selbstmordes. Sie sucht nicht nach Kletterspuren an der Laterne, sondern nach einem flüchtigen Fahrer. Aber ich traue einem Schwermütigen so viel Raffinesse nicht zu. Er wird zu Neapel gesagt haben: »Ich will mich umbringen, hilf mir.«
»Endlich. Was soll ich tun?«
»Du überfährst mich.«
»Ja, gern.«
Seit heute traue ich Neapel alles zu.

Ich komme zum Mühlenkamp. Stau in beiden Richtungen. Ein Bus hat einen Lastwagen gestreift. Die Fahrer unterhalten sich, warten auf den Einsatzwagen für die Unfallaufnahme. Wie soll der durchkommen? Die Fahrgäste steigen aus. Wahrscheinlich ist ein Ersatzbus bestellt. Wie soll der durchkommen? Dann sehe ich am Straßenrand einen Verletzten sitzen. Er hat einen Verband um die Stirn. Ich höre auch die Sirene des Unfallwagens. Wie soll der durchkommen?
Ich habe keine Chance, mit meinem Auto den Parkplatz über dem Supermarkt zu verlassen. Ich halte Ausschau nach einer Tasse Kaffee, obwohl mir jetzt mehr nach einem Tee wäre. Ich weiß, wo ich ihn bekomme. Ich gehe zurück. Die beiden Autofahrer streiten immer noch um den Parkplatz. Sie haben Verstärkung bekommen.

Zwei Gruppen haben sich gebildet. Ich lasse Waffen ausgeben. Alle haben zehn Sekunden Zeit, sich zu verschanzen, dann wird geschossen. Anwohner werfen Möbel aus den Fenstern, um Barrikaden zu errichten. Eine junge Frau mit entblößtem Busen klettert mit einer Fahne auf eine der Straßensperren und ruft »Freiheit für die Autos!«.

Ich klopfe heftig gegen Jochens Ladenbüro. Es dauert lange, bis der Schüler öffnet. Er hat nur ein T-Shirt und eine Unterhose an.
»Du wusstest doch von Jochens Plänen«, behaupte ich.
»Ich – ich war es nicht«, stottert er.

Es gibt keine Tage ohne Unfälle

Auch Schüler interessiert sich für Autos. Auf dem Küchentisch liegt eine aufgeschlagene Zeitschrift. Über zwei Seiten erstreckt sich ein nacktes Mädchen auf einem Sportwagen. Rosafarbene Haut auf rotem Blech. Schüler nimmt die Zeitschrift weg, wirft sie auf die Fensterbank. Dann wischt er mit dem Unterarm Krümel vom Tisch.
»Ich weiß nichts. Ehrlich. Ich hab ihn kaum gesehen.«
Er stellt zwei Becher auf den Tisch. Wenn ich hineingucke, möchte ich keinen Tee mehr trinken.
Das Wasser kocht.

»Warum hat er dich hier wohnen lassen?«

Er hebt die Schultern. »Einfach so.«

»Was hast du für ihn getan?«

»Nichts Besonderes. Nur so ...« Er wendet sich ab und gießt den Tee auf. »Er wollte dafür sorgen, dass ich neue Zähne kriege.«

»Was habt ihr miteinander gemacht?«

»Ich bin nicht schwul.«

»Willst du damit sagen, er war es?«

»Nee, nee.«

»Hat er dir mal Jobs gegeben?«

»Ich wusste nie, um was es ging.«

»Was war es zuletzt?« Ich stehe auf, spüle mir meinen Becher mit kochendem Wasser aus. Er wird innen nicht heller.

»Nichts. Ich sollte nur in der Umgebung eines Reifenhändlers ein paar Autos die Reifen zerschneiden.« Schüler grinst. »Ich will damit nicht sagen, dass ich es getan habe. Ich weiß auch nicht mehr, wo das war.« Er traut mir nicht. »Weißt du, er konnte mich hier ja jederzeit rausschmeißen.«

»Am Tag des Unfalls, war er da hier?«

»Es gibt keine Tage ohne Unfälle.«

»Du weißt schon.«

»Er war hier und wollte eine Adresse heraussuchen.« Er führt mich zum Computer und öffnet die Schublade.

Er hebt die CD mit den Autokennzeichen hoch. »Jochen hat gesagt, er wird verfolgt. Zwei Typen.« Er lässt die CD fallen und wühlt in dem Papierkorb. Er gibt mir einen zerknitterten Zettel. »Da, das war die Adresse, die er gesucht hat. Dann ist er weg. Er hat nichts gesagt.«
Auf dem Zettel steht die Nummer des schwarzen Golf. Der Besitzer wohnt in Altona in der Zeißstraße. Ich stecke den Zettel ein.
Eine Frage habe ich noch.
»Hat Jochen jemals über Selbstmord geredet?«
»Nee. Der Typ war er nicht.«

Autofackel

Der Stau auf dem Mühlenkamp hat sich aufgelöst. Der Verkehr bewegt sich träge in beide Richtungen. Ich entscheide mich, oben um die Alster zu fahren. Im Schritttempo geht es in Richtung Krugkoppelbrücke. Ich verliere die Geduld, biege in die Blumenstraße ab. An der Maria-Louisen-Straße merke ich, dass es ein Fehler war. Die Autoschlange nimmt kein Ende. Niemand lässt mich links einbiegen. Es ist die falsche Zeit, um nach Altona zu fahren. Rushhour. Ich weiß auch nicht genau, was ich in der Zeißstraße will.
Ich schaffe es bis zum Klosterstern. Kreisverkehr. Es geht voran. Auch die Hochallee ist immer frei, obwohl sie

durch einen Radweg auf zwei Spuren verengt ist. Vor der Hallerstraße ist Schluss. Warum können die Autofahrer an einer Ampel nicht gleichzeitig losfahren? Es kämen dreimal so viel Autos über die Kreuzung. Ich beschimpfe meine Vorderleute. Dann suche ich einen Klassik-Sender im Radio. Sie spielen Händel. Es beruhigt mich, bis ich in der Max-Brauer-Allee bin. Fünf Minuten bewegt sich nichts. Rechts neben mir eine für Busse reservierte Spur. Noch zweihundert Meter, und ich muss sowieso rechts abbiegen. Ich gehe das Risiko ein: Rauf auf die verbotene Fahrspur. Da sehe ich den Streifenwagen auf dem Fußweg stehen. Was mache ich? Ich muss so tun, als wollte ich vorher am Sportplatz abbiegen. Hoffentlich komme ich aus diesem Viertel jemals wieder raus. Hier bin ich noch nie gewesen. In der nächsten Straße: Endstation. Ich stehe hinter einem Möbelwagen, der beladen wird. Ich müsste rückwärts fahren. Hinter mir sind aber schon so viele Wagen, dass der letzte an der Straßenecke den Möbelwagen nicht sehen kann. Ich steige aus, setze mich auf den Kantstein. Ich klopfe meine Taschen nach einem Feuerzeug ab, um mein Auto in Brand zu stecken. Einfach abfackeln. Alle Autos.

Ich habe kein Feuerzeug. Ob ich wieder anfangen sollte zu rauchen?

Schließlich komme ich doch noch in der Zeißstraße an. Es gibt keine Parkmöglichkeit. Selbst im Halteverbot stehen hier die Autos. Im Vorbeifahren entdecke ich die Plüschkatze am Autofenster. Ich stelle mich vor eine Ausfahrt und schlendere zurück. Ich untersuche die Vorderseite des Golf. Es ist alles repariert worden. Keine Beule, kein kaputter Scheinwerfer mehr. Sie haben alle Spuren beseitigt. Ich gucke auf die Namen an den verschmierten Klingeln des Hauses. Kaum zu lesen. Wo wohnt der Kerl? Ich betrachte die Häuser. Sie sind alt, seit Jahrzehnten nicht renoviert. Jemand klopft gegen eine Fensterscheibe im ersten Stock. Einer der Golffahrer droht mir mit der Faust. Der zweite kommt hinzu. Sie stoßen das Fenster auf.

»Bleib da stehen!«, brüllt der eine. »Wir kommen runter!« Ich laufe zu meinem Wagen.

»Ich habe die Polizei gerufen«, sagt der Autofahrer, dem ich die Ausfahrt versperre. Er schwenkt sein Handy.

»Das ist prima. Die sollen mir folgen.« Ich springe in meinen Opel und gebe Gas. Hinter mir laufen die beiden über die Straße.

Kurz vor Ausbruch der Kampfhandlungen

Golf GTI gegen einen alten Opel. Wo soll das enden, außer im Krankenhaus und auf dem Autofriedhof. Ich habe keine Chance. An der nächsten Ampel haben sie mich und zerren mich aus dem Auto. Sie brechen mir die Knochen, fahren mit ihren Breitreifen ein paar Mal über mich hinweg. Einen Mord haben sie schon auf dem Gewissen. Angeblich soll der zweite dann ganz leicht fallen.

Ich habe Glück, die Gaußstraße ist frei. Zwei Lieferwagen fahren hinter mir aus einem Hof und geben Deckung. Die Ampel an der Barnerstraße erwische ich noch bei Spätgelb. Am besten wird es sein, wenn ich zu einer U-Bahn-Station fahre. Wenn ich keinen Parkplatz finde, lasse ich meinen Wagen einfach auf der Straße stehen. Soll er doch abgeschleppt werden. Ich behalte mein Leben und zahle dafür das Bußgeld. Die beiden folgen mir bestimmt nicht in die U-Bahn. Wer einen Golf GTI fährt, steigt nicht um auf die Bahn.
Vor dem Lessingtunnel führt eine Straße zum Altonaer Bahnhof. Sie sind noch nicht zu sehen. Hinter einem Kleinlaster ist ein Parkplatz frei. Ich steige aus, verberge mich hinter dem Laster. Vergeblich warte ich, dass sie hinten an der Kreuzung erscheinen. Schließlich gehe ich ihnen entgegen. Immer bereit, mich hinter den parkenden Autos zu verstecken.
An der nächsten Ecke sehe ich sie. Sie haben einen Mercedes geschrammt, der ihnen entgegenkam. Sie wollten wohl kurz vor der Kurve noch überholen. Die

beiden stehen auf der Straße und brüllen den andern Fahrer an. Von allen Seiten wird gehupt. Rechts und links schieben sich mit Millimeterabstand die Autos vorbei. Die Fahrer haben die Fenster herabgelassen und schimpfen.

Kurz vor Ausbruch der Kampfhandlungen.

Autofahrer sind Mörder

Ich komme nach Hause. Britta ist nicht mehr da. Auf dem Bett liegt ein Zettel von ihr: »Sonderangebot: Komm ins Schiff, besauf dich, und ich fahr dich nach Hause. B.«. Der Anrufbeantworter blinkt. Neapel hat angerufen, ob ich eines von Jochens Autos will. Sie verkauft sie sonst. Wie viel Wagen hat er? Ich nehme an, vier oder fünf. Auf jeden Fall steht in der Garage ein Sportwagen, den er nur während der Sommermonate anmeldet. Ich glaube, es ist ein alter Ferrari. Den will ich nicht. Einen Golf hat er auch. Und zwei, drei größere, einen alten Mercedes und eben auch den Audi.

Obwohl ich für heute genug vom Autofahren habe, setze ich mich wieder in meinen Opel. Er springt nicht an. Nach dem zweiten Mal gönne ich ihm eine Pause. Dann entdecke ich den schwarzen Golf auf der anderen Seite. Wenn mich nicht alles täuscht, klebt da

eine Plüschkatze an der Scheibe. Ich kann das Nummernschild nicht sehen. Es sitzen zwei Personen drin. Wahrscheinlich haben sie mir die Zündkabel durchgeschnitten. Nein, sie warten auf die Explosion. Sie haben mir eine Bombe unter der Motorhaube eingebaut. Beim dritten Startversuch wird der Wagen explodieren. Ich steige langsam aus. Schweiß auf der Stirn. Ich wage die Tür nicht zuzuschlagen. Ich gehe auf den Fußweg, lehne mich an die Hausmauer. Was soll ich tun? Vielleicht können sie die Bombe auch per Funk zünden?
Die Tür des Golf öffnet sich. Ein Mädchen mit kurzem Haarschnitt steigt aus. Ich kenne sie. Sie bedient in der Bäckerei.
Ich bin ein Idiot. Es gibt zu viele schwarze Golfs.
Der nächste Startversuch klappt.

Ich will den üblichen Stau auf dem Ring 2 Richtung Wandsbek ab U-Bahnhof Habichtstraße umgehen und fahre durch die City Nord Richtung Bramfeld. Aber schon vor der Fuhlsbüttler Straße beherrscht das Tempo eines Fußgängers die vielen qualmenden Pferdestärken. An der Kreuzung steht ein Lastwagen mit Blinklicht. Im Vorbeifahren sehe ich ein Fahrrad unter seinen Rädern. Ich passe nicht auf und muss mit aller Kraft auf die Bremse treten. Die Reifen quietschen. Alle anderen sind auch abgelenkt. Einer schafft es nicht mehr. Ich höre den typisch dumpfen Schlag eines Auffahrunfalls.

Auf der Steilshooper Allee liegen frische Blumen am Straßenrand. Es die Stelle, an der vor Wochen ein Schüler überfahren wurde. Am Gitter des Fußweges hängt ein Plakat mit einem schwarzen Kreuz. Kinder haben es gemalt. Oben steht: »Wir vergessen dich nicht, Mario«. Unten hat jemand ergänzt: »Autofahrer sind Mörder«. Die vermeintlich schnellere, aber längere Strecke bringt mir keinen Zeitgewinn. Angeblich liegt die Durchschnittsgeschwindigkeit in Hamburgs Innenstadt bei 28 Stundenkilometern. Ich halte die Zahl für übertrieben.

Neapel diskutiert mit zwei Männern vor dem Haus. Sie haben die Arme verschränkt und betrachten einen alten Volvo. Er hat hinten ein paar Beulen. Der ist mir sowieso zu groß.

Ich nicke Neapel zu.

»Dreifünf ist das Äußerste«, sagt einer der Männer.

»Ich brauche vier«, schüttelt Neapel den Kopf.

»Ich biete dreiacht«, mische ich mich ein.

Einer der Käufer sieht mich an. Er kneift die Augen zusammen und schiebt die Lippen vor.

Mit »Die Radlager sind bald fällig« greift er mich an.

Ich pariere mit »Kleinigkeiten!«.

»O. k. Vier«, sagt der zweite und: »Wir waren zuerst da.«
Der Kaufvertrag wird auf der Motorhaube unterzeichnet.
Neapel faltet die großen Scheine, bis sie in die Innentasche ihrer Jacke passen.
»Wo ist der Ferrari?«, fragt einer der Männer.
Sie führt uns um die Straßenecke in eine Einfahrt. Hinter einem Haus stehen eine Reihe Garagen. Neapel öffnet zwei davon. In einer steht der Ferrari, halb mit einer Plane abgedeckt. Ein Rad ist abmontiert. In der zweiten Garage befindet sich ein alter schwarzer Golf. Vorn fehlt ein Kotflügel. Werkzeug liegt noch herum.
Die beiden Männer begutachten die Wagen, und Neapel schiebt mich zur Seite. Sie flüstert, ich solle mir hinter ihrem Haus den Mercedes und den BMW ansehen.
Ich spaziere zurück. Ein Wagen kommt langsam die Straße entlang. Und diesmal habe ich keine Halluzinationen. Es ist der Golf mit den beiden Kerlen. Sie haben den weiten Weg von Altona bis nach Wandsbek gefunden. Ich wende mein Gesicht ab, gehe mit großen Schritten zu Jochens Grundstück. Ich springe hinter die Hecke an der Einfahrt.
Ich wage nicht zu gucken. Ich höre sie herankommen, sie bremsen ab, doch dann erhöhen sie das Tempo. Ich bin sicher, sie haben mich gesehen.

Angst, was sonst

Der Mercedes ist ein grünes Schmuckstück. Aus den Sechzigerjahren. Er hat noch die runde Pontonform. Die Fahrertür steht offen. Joke sitzt hinterm Steuer und raucht.
»Hallo.«
Er antwortet nicht und sieht nicht auf.
»Ich würde in so einem Auto nicht rauchen.«
Er dreht den Kopf weg, als wäre ich nicht da.
»Ich wollte eventuell den Wagen kaufen.«
Er bläst die Luft aus. »Würde ich nicht. Von den Dingern muss man immer zwei haben. Einen, der fährt, und den anderen als Ersatzteillager.«
»Wo ist der zweite?«
»Auf dem Schrottplatz.«
»Hat Jochen mit dir an den Wagen gebastelt?«
»Dieses Arschloch hatte keine Ahnung. Wenn jemand die Kisten wieder hingekriegt hat, war ich das.«
»Was ist mit dem da?« Ich zeige auf den BMW. Die Fahrerseite ist ein wenig eingedrückt. Der schwarze Lack ist mit weißen und rostigen Flecken übersät. Bakterien?
»Der ist top. Es war nur die Elektronik. Habe ich ausgetauscht.«
»Bist du manchmal mit ihm gefahren?«
»Der Wagen ist wirklich gut.«

»Nein, ich meine, ob du mit Jochen unterwegs warst.«
»Ich weiß schon Bescheid.« Er tritt gegen die Reifen. »Ich durfte die Kisten zusammenbauen, und der Herr kassierte.«
Er steigt aus dem Wagen, wirft seine Zigarette auf den Boden und tritt sie aus. Dann bohrt er mit der Schuhspitze ein Loch in die Erde und begräbt die Kippe darin. Er schlendert zu dem BMW, öffnet die Fahrertür. »Pass auf, was passiert.« Er drückt auf den Knopf der Türverriegelung, und eine Stichflamme schießt aus dem Schloss. Ich springe zurück, fast hätte sie mich erreicht. »Spinnst du!«
Er lacht. »Piezozündung. Gut, was? Verteidigungsmaßnahme.«
»Hat er das eingebaut?«
»Nee, ich. Er wollte es haben.« Er zieht die Mundwinkel herab.
»Warum?«
Er presst die Luft aus der Nase, hebt die Schultern. »Angst, was sonst?«

Neapel kommt zurück. Sie erzählt, dass die beiden vielleicht noch den Ferrari kaufen wollen.
»Was ist der wert?«, fragt sie Joke.
Joke geht zum Haus. Er will nichts sagen. Sie schreit: »Ich hab dich was gefragt.«

»Nichts, nichts ist der wert«, brüllt er, ohne sich umzudrehen.

»Er ist fünfzehn«, sagt sie zu mir. Es soll alles erklären. »Jochen hat immer noch mal versucht, ihn zu erziehen. Joke ist dann einfach aus dem Haus gerannt. Was soll ich tun?« Wir gehen zum Vordereingang des Hauses. Kein schwarzer Golf. Neapel beobachtet mich. »Was ist los?«

»Ich hab das Gefühl, zwei Typen verfolgen mich.«

»In einem schwarzen Golf?«

»Ja, woher weißt du das?«

»Die saßen hier neulich vorm Haus im Wagen. Und vorhin, als du kamst, hab ich sie auch gesehen. Ich denke, es sind Bullen. Die beobachten das Haus.«

»Wegen Jochen?«

»Zum Beispiel.«

     Im Haus bietet Neapel mir den BMW an. Sie denkt, er ist noch kaputt. Joke lässt sich nicht mehr blicken. Neapel bringt Getränke. Der BMW wird während unseres Gesprächs immer billiger. Schließlich gibt sie mir die Schlüssel und die Papiere. Der Preis ist fast nur noch ein Symbol. Ich will nichts geschenkt haben. Sie bittet mich, den Wagen auf jeden Fall mitzunehmen. Sie überlässt ihn mir, solange ich will. Ich soll ihn in die Werkstatt bringen. Das Geld für die Reparatur bekomme ich zurück. Ich denke darüber nach, wofür sie mich bezahlen will.

Es ist dunkel, als ich das Haus verlasse. Ich hole meine Sachen und mein Werkzeug aus meinem Auto und bringe sie in den BMW. Als ich vom Grundstück fahre, stoppt mitten auf der Straße ein Golf. Meine Scheinwerfer leuchten ihm direkt ins Fenster. Eine Plüschkatze grinst mich an. Mit dem BMW bin ich so schnell wie sie.
Vielleicht schneller.

Brennende Reifen

Rauch liegt in der Luft. Früher roch es auf dem Weg ins »Schiff« oft nach Blut. Damals, als der Schlachthof noch im Viertel lag. Ich ziehe die Luft durch die Nase ein. Es ist ein bisschen der Geschmack von verbrannten Autoreifen. Aber die Zeiten der Barrikaden im Karo- und Schanzenviertel sind lange vorbei.
Die beiden im Golf sind mir nicht gefolgt. Vielleicht haben sie mich nicht erkannt? Ich stelle den BMW in einer Parklücke in der Budapester Straße ab, obwohl ich gern vor die Tür der Kneipe gefahren wäre. Ein bisschen angeben mit seinen sechs Zylindern. Ich habe noch nie in meinem Leben einen BMW besessen. Und dieser gehört mir praktisch.

Die Tür zum »Schiff« ist offen, und es strömen Zigarettenqualm und Stimmengewirr heraus. Britta hat eine Reihe Biergläser zu füllen. Sie nickt, winkt mir zu. Dann probiert sie sogar einen Tanz, ohne dabei das Bierzapfen aufzugeben. Ob die leichte Übelkeit in meinem Bauch schon Liebe ist? Ich freue mich darauf, dass sie mich nach Hause fahren will. Diesmal betrinke ich mich bestimmt nicht. Plötzlich weiß ich, warum sie gern hinter der Theke arbeitet: ihr Hintern bleibt verborgen. Mir gefällt er. Ich beuge mich über die Theke. Sie kommt mir entgegen.

»Warum kommst du so spät?«

Ich gebe ihr einen Kuss auf die Nase.

»Ich habe Mitternacht Schluss. Wie willst du es schaffen, dich in einer drei viertel Stunde zu besaufen?« Sie schiebt mir eines der Biere hin.

»Muss ich?«

»Soll ich dich nicht ...«

»Doch, du sollst mich.«

Sie grinst, stellt die Biergläser auf ein Tablett und bringt sie in den Nebenraum. Ich folge ihr. Bilger und Schüler sitzen gleich beim Durchgang. Sie werfen Zuckerstücke ins Bier und trinken aus Strohhalmen. Schüler schielt, so sehr ist er schon betrunken. »Du bist ein guter Kerl«, lallt Bilger. »Aber die andern sind alle schlecht.« Schüler steht auf, schwankt, hält sich am Stuhl fest. Er riecht nach verbrannten Reifen. Sein Ohr ist blutig. Sein Hals ist wund. Er zieht an den Knöpfen seines Hemdes.

»Zu weit unters Auto gekommen, was?«

Er schüttelt den Kopf, zeigt seine nackte Brust. Es sind kleine Brandwunden darauf. Zwei Leute waren im Laden. Sie wollten zu Jochen. Sie haben ihn geschlagen, Zigaretten auf seiner Brust ausgedrückt und wollten ihm das Ohr abschneiden.

»Warum haben die das getan?«

Ich muss Schüler an den Schultern festhalten, damit er nicht umfällt. Ich verstehe nur, dass die beiden ihm etwas nicht geglaubt haben. Er setzt sich mit meiner Hilfe wieder. Er sagt, dass die beiden das Geld haben.

»Jochens Geld?«

Er nickt. Ich halte ihn, sonst würde er vom Stuhl fallen.

»Haben die beiden das Büro durchsucht?«

Schüler erzählt etwas von der Kassette.

»Die rote Geldkassette?«

Wenn ich ihn richtig verstehe, sollen fünftausend darin gewesen sein. Er scheint sie ihnen gegeben zu haben. Seine Augen drehen sich weg. Schließlich fällt er mit dem Kopf auf die Tischplatte. Sein Bierglas kippt um. Die Flüssigkeit läuft Bilger in den Schoß. Es kümmert ihn nicht. Er sagt: »Der braucht eine Mütze.« Dann ergänzt er: »Eine Schlafmütze.«

Er langt über den Tisch, zieht das Hemd von Schülers Hals. Es ist blutig. Die Haut ist wie ein Streifen aufgerissen. »Die wollten ihn aufhängen.«

Ich bitte Britta, auf mich zu warten. Länger als eine drei viertel Stunde darf meine Rache nicht dauern.

Schnelle Autos machen scharf

Ihr Golf ist nicht in der Zeißstraße. Es brennt kein Licht in ihrer Wohnung. Ich fahre alle Seitenstraßen ab, auf der Suche nach der grinsenden Katze. Sie sind offensichtlich unterwegs.
Ich parke bei den Zeisehallen und packe den Jutebeutel mit meinem Werkzeug unter den Arm.
Noch nie bin ich ein so großes Risiko eingegangen. Nachts macht ein Profi keinen Einbruch. Er weiß auch, bevor er eine Tür öffnet, wie viele Menschen dahinter wohnen. Er weiß, wo sie sind oder wann sie zurückkommen. Und er kennt alle Fluchtwege. Alles, was ich mit Sicherheit weiß, ist, dass ich das Schloss öffnen kann.

Ich sehe das Licht schon, als ich in die Zeißstraße einbiege. Es brennt in einem Zimmer der Wohnung. Die beiden sind zurück. Ich gehe trotzdem bis vor das Haus. An der Ecke der Seitenstraße steht der Golf im Halteverbot. Ich leuchte hinein. Auf der Rückbank sitzt ein Teddybär mit Lederhose und Rucksack. Daneben liegt eine dünne Lederjacke, und darunter guckt etwas hervor, das die Kassette sein könnte. Aus der Eckkneipe tönt Musik. Es ist niemand auf der Straße. Ich habe keine Erfahrung beim Aufbrechen von Autos. Ich hole meinen Glasschneider heraus. Ich setze ihn an der Scheibe mit der Grinsekatze an, ritze ihr übers Gesicht. Ich hatte erwartet, dass sich die Scheibe in kleine Stücke auflösen würde. Aber nichts geschieht. Ich brauche einen Stein. Nirgends ist etwas zu finden, mit dem ich die Scheibe einschlagen könnte. Ich steige über den kleinen Holzzaun, der einen Durchgang zu einem Hinterhaus absperrt. Hinten sind Gärten. Die Pforte des rechten Gartens lässt sich öffnen. Das Licht aus zwei Fenstern erleuchtet einen wilden Bewuchs. Mittendrin zwei schiefe Stühle, ein alter Sofatisch und ein toter Baum. Hinter den Fenstern steht ein rotes Sofa an der Wand. Ich trete in den Lichtschein. Ein Mann sitzt mit dem Rücken zu mir an einem runden Tisch. Er liest in einem Buch. Die Decke über ihm ist mit Texten beklebt.

Ich entdecke ein mit Mauersteinen eingefasstes Beet. Ich ziehe einen heraus und schleiche wieder nach vorn. Schritte kommen die Straße herunter. Ich kann nur hoffen, dass niemand den Torweg betritt. Ich ducke mich hinter eine Mülltonne. Ein Mann wird sichtbar und marschiert vorbei.

Ich gehe zu dem Golf, warte, bis niemand mehr zu sehen ist. Die Musik aus der Eckkneipe wird lauter. Ich stoße mit Kraft den Stein gegen das Gesicht der Plüschkatze. Splitter und Katze fallen nach innen. Ich greife die Jacke. Es ist tatsächlich Jochens Kassette darunter. Sie haben sie nicht geöffnet. Ich bin mit drei Schritten in der Nische eines Hauseingangs. Ich presse die Kassette und die Jacke an mich, halte den Atem an. Nichts rührt sich, kein Fenster öffnet sich, niemand kommt. Das Geräusch einer zerspringenden Autoscheibe regt hier niemanden auf. Wieder in meinem Wagen, schüttle ich die Kassette, dann setze ich meinen batteriebetriebenen Öffner an. Das Sicherheitsschloss hat den Namen nicht verdient. Es sind über siebentausend darin. Ich ziehe zweitausend als Provision ab und schiebe die Kassette unter den Sitz.

Als ich das »Schiff« betrete, sitzt Britta schon wartend an der Bar. Karl hat die Theke übernommen. Britta rutscht sofort vom Hocker und schiebt mich raus. Sie zieht die Brauen hoch und streicht mit der Hand über das Blech des BMW. Sie verlangt die Schlüssel, will unbedingt fahren. Gegen meinen Protest. Ich muss ihr nichts erklären. Sie fährt nicht zum ersten Mal einen solchen Wagen. Es geht die Kieler Straße hoch bis zur Autobahnauffahrt Stellingen. Sie biegt Richtung Flensburg ein, gibt Gas und überholt alle anderen. Die Geschwindigkeitsbegrenzung kümmert sie nicht. Sie bedient den BMW, als wäre sie nie etwas anderes gefahren. Ich fühle mich sicher. Als sie bei Tempo 210 angekommen ist, nimmt sie den Fuß vom Gas. Sie gibt mir zum ersten Mal einen Blick. Ich sehe, dass ich beim nächsten Mal mit dem Ferrari vorfahren muss. Sie lenkt auf die Tankstelle Holmmoor. Ich bitte sie, vor einem Müllbehälter zu parken. Ich entsorge die Lederjacke aus dem Golf. Britta fragt nicht nach. Sie erzählt von Karl, dem Besitzer des »Schiffes«. Er hat Jochen beschimpft und Leute aufgezählt, die ein Interesse gehabt haben, ihn umzubringen. Britta kennt sich auf dem Gelände der Raststätte aus. Sie nimmt die kleine Straße als Abfahrt, die eigentlich nur dem Personal vorbehalten ist. Auf der Landstraße bringt sie den Wagen in den Kurven an seine Grenzen. Bremsen, Gas geben, gegensteuern. Sie muss mal einen Schleuderkurs gemacht haben. Schließlich biegt sie in einen Feldweg ein, stellt den Motor ab und fällt über mich her.

Schnelle Autos machen sie scharf, behauptet sie.

Noch viel Verkehr

Neapel bittet mich, ihr Telefon zu reparieren, weil es ständig klingelt. Britta rüttelt mich aus diesem Traum. Mein Telefon klingelt. Es ist drei Uhr nachts.

»Wieso bist du zu Hause, wenn dein Wagen nicht vorm Haus steht? Glaub ja nicht, dass du uns entkommst. Wir kennen euren Trick. Das Geld zahlt ihr uns zehnfach zurück.« Ich ordne die Stimme einem der Golffahrer zu. Ich lege auf, gehe zum Fenster und sehe hinunter. Ich vermute, sie sitzen da unten im Wagen und haben über Handy angerufen. Ich entdecke sie nicht. Es ist noch viel Verkehr. An der Ampel steht eine Reihe Autos. Ein Mini ist dabei. Diese Beulen gehören zu Neapels Wagen. Als die Ampel auf Grün springt, erkenne ich auch ihre Autonummer. Sie sitzt nicht drin. Wenn mich nicht alles täuscht, ist es ein blonder Mann. Die Spiegelung der Straßenlaterne zuckt über die Windschutzscheibe. Er sieht aus wie Joke.

Ich gehe ins Bett zurück, lege meine Hand auf Brittas Hüften. »Wie viele waren es, die Jochen umbringen wollten?«
Sie stützt den Kopf auf. »Sieben.« Sie zählt die Namen auf. Die Hälfte kenne ich. Stammgäste aus dem »Schiff«.
»Und dann wäre da noch Karl«, ergänze ich. Sie nickt.
»Und was ist mit dir?«
»Ich habe ein Alibi.«
»Ich habe eigentlich nach einem Motiv gefragt.«
»Du willst wohl mit einer Mörderin schlafen?«
Sie küsst mich.
»Jochen hat dir das Autofahren beigebracht, stimmts?«
»Was willst du mit dieser Fragerei erreichen?«

»Ein Geständnis.«
»Ja.«
»Was ja?«
»Ja, ich bin mit ihm gefahren. Er hat mir einiges gezeigt. Und als ich in die neue Wohnung zog, hat er mir zehntausend geliehen.« Sie lässt sich zurück auf die Kissen fallen.
»Und die sind noch offen?«
Sie zieht die Bettdecke bis zu den Haarspitzen über sich.
»Ich habe kein Motiv. Er wollte das Geld nicht zurück.«
»Was soll das heißen?« Ich ziehe ihr die Decke vom Gesicht.
»Du bist eifersüchtig.«
»Hab ich einen Grund dazu?«
»Nicht mehr.«
»Beweise es.« Sie tut es. Mir ist es nicht genug. Ich will Zöpfe.

Autofreie Zone

Als Schüler mir diesmal öffnet, hat er nur eine gelbliche Unterhose an. Sein Oberkörper ist übersät mit kleinen Wunden. Der Hals sieht am schlimmsten aus. Die beiden Golffahrer haben ihn fast umgebracht.
»Du musst zum Arzt.«
»Habe ich eine Krankenversicherung?«

Ich stelle die Kassette auf den Küchentisch. »Hier ist deine Krankenversicherung. Wenn du weißt, wie viel drin ist, weißt du auch, wo der Schlüssel ist.«

Er grinst. »Den habe ich denen nicht mitgegeben.« Er zieht eine Schublade auf. Der Schlüssel liegt zwischen den kleinen Löffeln. Ich tue so, als würde ich aufschließen. Ich schütte die Kassette aus und zähle das Geld. Ich schiebe es ihm hin. Er will es nicht.

»Du hast es dir als Schmerzensgeld verdient. Neapel weiß nichts davon und braucht es nicht.«

»Dann lass uns teilen. Immerhin habe ich die Prügel eingesteckt, die Jochen kriegen sollte. Und du hast die Kassette wiedergeholt.« Er lacht. Es wird ein Stöhnen daraus. Er fasst sich an sein verletztes Ohr und flucht. Es blutet wieder. »Die beiden wollten nicht glauben, dass Jochen tot ist.«

Ich ziehe für mich zweitausend von dem Geld ab, stopfe es in die Jackentasche. Alles ist für Schüler sowieso zu viel. Er wird es bloß versaufen. Er muss mir schwören, dass er einen Arzt aufsuchen wird.

Ich mache mich auf den Weg nach Wandsbek. Es geht zügig. Keine Staus.

Ich parke hinter Neapels Mini. Aber ich laufe am Haus vorbei bis in die Seitenstraße. Die Einfahrt zu den Garagen bietet mir nicht viel Deckung. Hinten klopft jemand auf Blech. Ich schleiche so weit, bis ich alle

Garagen sehen kann. Joke kniet vor dem Golf und schraubt an dem Kotflügel.

Ich ziehe mich zurück.

Neapel führt mich in das Wohnzimmer. Sie ist dabei, die Modellsammlung in Kisten zu verpacken. »Du kommst genau richtig. Such dir aus, was du davon haben willst. Du kannst auch die Autositze haben. Ich schenke sie dir. Es kommt alles weg. Ich kann das Zeug nicht mehr sehen.«

Ich setze mich auf die Sitzbank.

Sie tritt gegen einen der Kartons. »Dieses Haus wird eine autofreie Zone. Das garantiere ich dir.«

»Wo ist Joke?«

»In der Schule.«

»Bist du sicher?«

»Nein, natürlich nicht. Er macht, was er will.« Sie wickelt das Blechmodell eines Mercedes aus den Dreißigerjahren in Zeitungspapier. »Verdammte Autos! Ich hasse Jochen dafür!« Sie wirft das eingewickelte Modell mit Schwung in einen Karton.

»Könntest du dir vorstellen, dass du in Verdacht gerätst, deinen Mann umgebracht zu haben?«

Sie wirft den Kopf zurück, lacht laut. »Die waren schon hier. Die Polizei. Sie wollten ein Alibi von mir. Ich hab ihnen dafür die Mörder präsentiert.«

»Wen?«

»Du hast sie doch auch gesehen. Die beiden im Golf. Diese Mafiatypen wollten tatsächlich Geld von mir. Da habe ich der Polizei ihre Beschreibung und ihre Autonummer gegeben.«

Sie geht auf die Knie. Mit beiden Händen drückt sie auf die Automodelle in dem Karton. Dann kommt sie wieder hoch. »Die Polizei denkt sogar, ich hätte mit Jochen gemeinsam im Wagen gesessen.«

»Was soll das?«

»Die wissen von seinem Job als Schuldeneintreiber. Deshalb denken sie, es könnte Erpressung, Rache oder was weiß ich alles sein. Und, dass ich Zeuge gewesen sein könnte. So was Idiotisches.«

Sie nimmt ein BMW-Modell aus einer Vitrine. »Wie wärs damit für dich?«

Ich schüttle den Kopf. »Was wissen sie von dir?«

Sie setzt sich zu mir. »Die wissen alles. Weißt du, Jochen und ich, wir haben uns die ganze Zeit was vorgespielt. Er hat seinen Job weitergemacht und ich meinen.«

»Was soll das heißen? Du hast ...«

»Ich habe einfach ein paar Kunden behalten. Sonst hätte ich das Haus nicht abzahlen können.«

Es klingelt. Sie springt auf. »Die kommen schon. Die wollen die Sammlung abholen. Und ich vertrödle hier die Zeit.«

Sie lässt ein Pärchen herein. Gemeinsam räumen sie die Vitrinen aus und packen Kartons. Ich ziehe mich zurück, betrete Jokes Zimmer und öffne das Fenster. Das Fensterbrett hat deutliche Spuren. Ich entdecke das Loch in der Mauer, das er zum Aussteigen benutzt, und klettere hinaus.

Kein Führerschein

Der Wagen steht jetzt vor der Garage. Stoßstange und Kotflügel sind neu. Keine Spuren mehr. Joke sitzt auf dem Fahrersitz und raucht. Ich steige zu ihm ein. Er sieht mich nicht an und sagt nichts.
»Worüber hast du mit Jochen gestritten an dem Abend?«
Er stößt den Rauch aus. »Immer dasselbe. Ich mache seine Autos fertig, und er streicht das Geld ein.«
»Jetzt kriegst du alles.«
Er antwortet nicht, zieht die Nase hoch. »Ich wollte nur einen kleinen Anteil. Dieses Arschloch gab mir nicht mal einen Fünfziger. Das hat er nun davon.«
»Du musst sehr wütend gewesen sein.«
Er nickt.
»Deshalb bist du ihm hinterher. Aber ich glaube, du hast ihn nicht absichtlich überfahren.«
»Dieser Idiot springt mir einfach vor den Wagen. Ich weiche aus, aber schaffe es nicht ganz. Er kannte doch diese Tricks. Ich meine, dass ihm nichts passiert. Er kann das doch.«

»Deshalb bist du weitergefahren. Du dachtest, es wäre ihm nichts geschehen.«
Er schluckt, seine Augen schwimmen in Tränen.
»Wie war das? Du bist ihm auf die Stoßstange ...«
»Ich hab ihn kaum berührt.«
»Und dann?«
»Es war nichts. Nichts. Ich wollte dann vorbei. Da springt er raus und ...«
Ich lege meinen Arm um ihn. »O. k. Ist gut. Ich dachte es mir schon.«
Ich steige aus und gehe zur Straße.

Vor Neapels Haus belädt das Pärchen einen Kleintransporter. Ich sehe zu, wie sie wegfahren. Dann steige ich durch Jokes Fenster wieder ein.
Neapel sitzt in der Küche. »Wo kommst du her?«
»Ich habe Jokes Weg durchs Fenster benutzt.«
Sie legt die Hände vor ihr Gesicht. »Was soll ich machen? Ich bin zu schwach. Du könntest vielleicht ...«
»Du weißt, dass er nachts mit deinem Wagen durch die Gegend fährt?«
»Ja, ja. Was soll ich denn tun? Vor über einem Jahr, er war noch nicht mal vierzehn, da hat ihn die Polizei nach Hause gebracht. Er hatte nachts ein Auto geknackt und war damit unterwegs gewesen. Verstehst du?«
»Du leihst ihm dein Auto?«

»Er hätte immer weitergemacht. Da fand ich es besser, ihm meinen Autoschlüssel hinzulegen.«

»Er hat keinen Führerschein.«

Sie steht auf. »Mein Gott, Jakob, was glaubst, was hier im Haus los war. Jochen hat ihm mit neun Jahren das Fahren beigebracht. Die beiden sind auf Flugplätzen Rennen gefahren.«

»Sie hatten ein gutes Verhältnis?«

»Schon lange nicht mehr.«

Sie holt vom Küchenschrank eine Flasche Likör. »Willst du?« Ich schüttle den Kopf. Sie gießt sich ein großes Glas ein. »Du weißt, dass Joke an dem Abend Jochen nachgefahren ist?«

»Jakob, ich bitte dich ...«

Sie trägt ihr Glas ins Wohnzimmer. Ich folge ihr. Die Vitrinen sind leer. Sie stellt ihr Glas darauf ab. »Hat Joke es dir erzählt?«

Sie gibt dem Schrank, der aus dem Mercedeskühler besteht, einen Tritt. »Ich weiß, wie es war. Mir muss niemand was erzählen. Du auch nicht.« Dann greift sie nach dem Kühler, reißt ihn von der Wand und wirft ihn um. Es klirrt. Es müssen Gläser darin gestanden haben.

»Schon gut. Ich gehe.«

»Nein, warte.« Sie folgt mir, umarmt mich. »Was wirst du tun?«

»Was soll ich tun?«

Nicht angeschnallt

Erst am Wandsbeker Markt bemerke ich meine Verfolger. Sie stehen direkt hinter mir an der Ampel. Sie schwenken die Fäuste. Ihre hintere Seitenscheibe ist mit Pappe zugeklebt. Dann stoßen sie meinen Wagen an, versuchen ihn auf die Kreuzung zu schieben. Die Ampel springt um. Ich fahre stadteinwärts, gebe Gas, wechsle die Spuren und kann einige Wagen zwischen uns legen. Hier gibt es keine grüne Welle. Vielleicht gelingt es mir, sie bei einer roten Ampel zurückzulassen. An der Ritterstraße bin ich der Letzte, der noch bei Spätgelb über die Kreuzung kommt. Die beiden müssen warten.

Ich biege am Lerchenfeld ab und fahre hoch bis zur Zimmerstraße. Ich will an die Alster. An der Kreuzung Hofweg habe ich Rot. Plötzlich kommen die beiden aus Richtung Innenstadt. Sie entdecken mich, bremsen, fahren rückwärts und blockieren die Kreuzung. Der Beifahrer steigt aus. Er schwenkt einen Baseballschläger. Die Ampel zeigt Grün, und ich fahre los. Ich komme knapp an ihnen vorbei. Der Schläger trifft die Rückscheibe. Sie zerspringt, fällt nach innen.

Wenn man die Polizei braucht, ist keine in der Nähe. Wo ist die nächste Polizeiwache? Ich taste nach meinem Handy. Es liegt unerreichbar auf der Rückbank.

Sie sind schon wieder hinter mir. Vielleicht ist die Herbert-Weichmann-Straße meine Chance. Eine Straße, die ihre Fahrtrichtung je nach Tageszeit wechselt. Jetzt ist sie stadteinwärts gesperrt. Sie werden es nicht wagen, hineinzufahren, aber ich. Bei Rot biege ich ab und blende die Scheinwerfer auf. Auf beiden Fahrspuren kommen mir Autos mit hoher Geschwindigkeit entgegen. Dauerhupe. Ich komme durch. Sie machen Platz. Ich blicke in den Rückspiegel. Der Golf ist mir doch gefolgt. Ich sehe ihre Gesichter.
Ich schleudere nach rechts in die nächste Straße. Vollgas durch die Kurven bis zur Alster. Ich brauche Britta als Fahrerin. Links in die Schöne Aussicht. Wenn die Strecke frei ist, bin ich schneller. Die Tachonadel springt fast auf hundert. Ich sollte zur Autobahn fahren. Es liegen schon etwa fünfzig Meter zwischen uns. Ein Zementlaster fährt aus einer Einfahrt. Ich bremse nicht, schramme an seiner Stoßstange entlang, gerate ins Schleudern. Ich schaffe es, Spur zu halten. Hinter mir quietscht das Gummi blockierter Reifen auf dem Pflaster. Dann höre ich den Aufschlag. Ich fahre langsam zum Schwanenwik. Meine Hände zittern. Beim Literaturhaus ist ein Parkplatz frei. Ich rangiere den BMW in die Lücke und gehe als Spaziergänger an der Alster entlang. Ich habe Zeit. Ich muss den Unfall nicht unbedingt sehen. Ich lehne mich am Ufer gegen einen

Baum und blicke übers Wasser. Vom St.-Georg-Krankenhaus höre ich das Martinshorn des Unfallwagens. Kurz darauf fährt er vorbei. Als ich die Unfallstelle erreiche, liegen die beiden mit blutenden Köpfen auf den Tragen. Der zertrümmerte Golf vermittelt den Eindruck, als hätten sie unter dem Betonmischer hindurchgewollt. Alle Arbeiter der Baustelle schauen zu. Der Lkw-Fahrer sitzt auf dem Kantstein und hält die Hände vor das Gesicht. Einer hockt neben ihm, hat den Arm um ihn gelegt. »Die waren nicht mal angeschnallt«, sagt einer der Bauarbeiter. Ich stoße mit dem Fuß das Stück Pappe an, das einmal eine Seitenscheibe ersetzte.

Stau

Als ich am Abend ins »Schiff« komme, herrscht vor der Theke ein Stau. Alle warten auf ihr Bier. Britta wechselt die Gläser unter dem laufenden Zapfhahn. Trotzdem führt sie ihr kleines Tänzchen auf, als sie mich sieht. Sie hat sich tatsächlich zwei Zöpfe geflochten. Ich hebe den Daumen. Bilger und Schüler stehen am Durchgang zum anderen Raum. Sie haben mich und Britta beobachtet.
Bilger hebt die Faust. »Wenn du uns die Königin nimmst, gibt es Krieg.«

(Text nach den Regeln des Hamburger Dogmas)